Richtiges Hände waschen ist EINFACH!
G
SEIFE

Die Weltraumforscherin, Galaxia hat ihre Muchokids aus der ganzen Welt für eine besondere Mission versammelt! Und wer sind denn die Muchokids überhaupt? Sie sind Galaxias Team, das sich versammelt hat, um ihr im Kampf gegen den bösen Alekko zu helfen. Er ist aus dem Weltraum gekommen, mit seinen großen roten Augen, die auf die Übernahme der Erde gerichtet sind!

Aber bevor Galaxia und ihr Team unseren Planeten vor dem Bösen außerhalb unserer Welt verteidigen können, brauchen die Mucho kids IHRE Hilfe, um einen der größten Feinde der Erde zu bekämpfen...

KEIME! Und wir werden es tun, indem wir lernen, uns die Hände zu waschen!

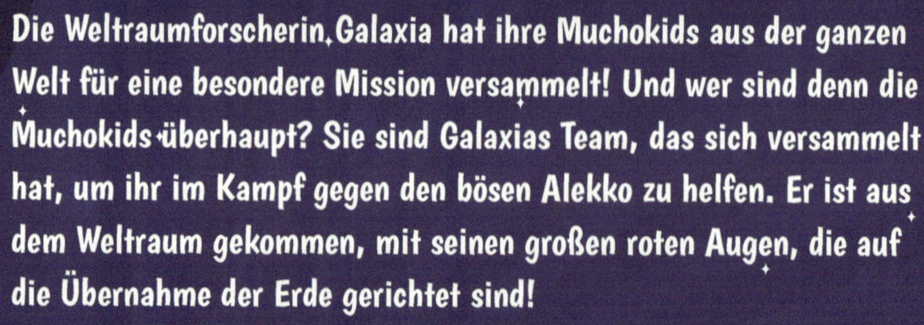

Perfektes Händewaschen ist für jedes Kind wichtig, egal wo auf der Welt es zu Hause ist. Warum? Weil Viren und Keime keine Grenzen haben. Das heißt, egal wie man aussieht, wer man ist oder wo man lebt, schlechte Keime können von jedem Menschen auf einen anderen übergehen und einen krank machen!

Niemand ist gerne krank, oder? Finden wir also heraus, wie man zum PERFEKTEN Händewäscher wird. Es dauert nur zwanzig Sekunden, dann ist wieder genug Zeit für einen Snack oder zum Spielen!

Hier ist Muchokids Jodi aus Australien. Jodi nahm sich eine Auszeit von der Erforschung der Natur, um uns den allerersten Schritt des Händewaschens zu erklären...

"Geh als erstes zum Waschbecken, um sauberes Wasser aufzudrehen",
sagt Jodi. "Sorge dafür, dass es warm ist, aber nicht zu heiß, du möch-
test dich ja nicht verbrennen!"

Muchokids Libby ist eine Sängerin aus den USA. Sie sagt, wenn die Hände nass sind, ist es Zeit, etwas Seife zu benutzen. Ein Stück Seife oder eines aus dem Fläschchen ist in Ordnung, aber man sollte unbedingt etwas Seife benutzen.

Hey, das ist Lotta aus Deutschland! Sie macht gerade eine Pause vom Geigenunterricht, um uns zu sagen, was als nächstes kommt…

"Beide Hände müssen ganz mit Seife bedeckt werden",
sagt Lotta.

"Denkt daran, Kinder! Ihr müsst mindestens 20 Sekunden lang beide Hände schrubben", sagt Muchokids Kamali aus Senegal, Westafrika.

20

"Achte darauf, die HANDFLÄCHEN deiner Hände zu schrubben", sagt der Mariachi-Musiker Pedro von Muchokids Mexiko. "Da fasst du alles an!"

"Pedro hat Recht, du musst deine Handflächen waschen, aber vergiss nicht, auch den Handrücken zu waschen. Keime können überall auf Ihre Hände gelangen", sagt Maple von Muchokids Canada.

"Solange du deine Hände IMMER sauber bekommst, vergiss nicht, deine Finger zu schrubben... oh, und auch unter den Nägeln", sagt Nabala von Muchokids Kenia.

Du fragst dich vielleicht...

Während du damit beschäftigt bist, beide Seiten deiner Hände, jeden Finger und unter allen deinen Nägeln zu schrubben, woher weißt du, dass das nun 20 Sekunden waren?

Das ist ganz einfach! Singe einfach das 'Happy Birthday'-Lied ZWEIMAL für dich selbst!

"Hey, Eri hier, von Muchokids Japan. Ich habe gesehen, wie du deine Hände gewaschen hast. Gute Arbeit! Fast fertig. Jetzt ist es Zeit für meinen LIEBLINGSTEIL des Händewaschens..."
SCHRITT 3

"Es ist Zeit, die Seife abzuwaschen und zuzusehen, wie diese KEIME den Abfluss hinuntergehen", sagt Eri.

"Nun, man kann Keime eigentlich nicht SEHEN, nicht ohne ein Mikroskop. Aber da du 20 SEKUNDEN damit verbracht hast, deine Hände mit Seife zu waschen, kannst du dich verdammt sicher fühlen, dass du sie losgeworden bist! Nehmen Sie sich einfach so viel Zeit, wie Sie brauchen, um die ganze Seife wegzuspülen!"

Muchokids Henry von England nimmt sich eine Minute von seinem Wachposten am Buckingham-Palast, der die königliche Familie beschützt, um uns zu sagen, was als nächstes kommt...

"Achte darauf, dass du ein sauberes Handtuch benutzt, um deine Hände VOLLSTÄNDIG trocken zu bekommen", sagt Henry.

Denke nur daran, versuche dein Gesicht nicht zu berühren! Erinnerst du dich, was Eri uns über Keime erzählt hat? Sie sind unsichtbar! Wenn wir einen Tisch, einen Türknauf oder die Hand eines anderen Menschen, der sich nicht gewaschen hat, berühren, bekommen wir Keime. Wenn du dein Gesicht berührst, können Keime in deinen Körper gelangen und dich krank machen!

"Hey, du daheim, lies diese Geschichte. Vergiss nicht, was wir heute - über die richtige Händewaschtechnik gelernt haben", sagt Galaxia, die Anführerin der Muchokids. "Wenn du eines Tages mit mir ins Weltrau mabenteuer kommen willst, musst du saubere Hände haben. Man kann nicht sagen, WAS man hier draußen in einem so großen Universum wie dem unseren berühren könnte!"

HAPPY WASHING!
SEIFE

DIE VIELFALT ANNEHMEN
&
DIE WELT VEREINEN

muchokids®

www.muchokids.com

@Muchokids

WASCHEN SIE IHRE HÄNDE!

Written for:

Laura Chavez Campero

Clark Watts

Ilustration for:

Oscar Saravia

Published by Muchokids 2020

ISBN: 9798635450338

muchokids®